I0037337

MARKETING DE AFILIACIÓN

Guía Comprobada Paso a Paso para Obtener Ingresos Pasivos con el Marketing de Afiliación

Mark Smith

Tabla de Contenidos

Introducción

Quiero darle las gracias y felicitarle por comprar el libro, *"Marketing de Afiliación – Guía Comprobada Paso a Paso para Obtener Ingresos Pasivos con el Marketing de Afiliación"*.

Este libro contiene pasos y estrategias comprobadas sobre cómo comenzar el viaje extremadamente emocionante y exitoso de los Programas de *Marketing* de Afiliados. Este libro le brinda una perspectiva bastante detallada sobre qué es el *marketing* de afiliación, cómo funciona, cuál es la jerga común que debe aprender y dominar, la importancia de crear y mantener un excelente blog y/o página web, y los mejores socios afiliados establecidos con los que definitivamente debe registrarse.

También he dedicado un capítulo sobre las diferentes formas en que puede aprovechar su presencia y popularidad en las redes sociales para respaldar sus programas de afiliación. Desafortunadamente, como todas las cosas en el mundo, los programas de afiliados también albergan a algunos estafadores listos para atacar a víctimas inocentes y privarlas de dinero y otros objetos de valor. Este libro tiene un capítulo sobre cómo identificar y evitar a esas personas y entidades comerciales deshonestas.

¿Qué es el *Marketing* de Afiliación?

El internet, o la World Wide Web, comenzó su gran fase de crecimiento durante la década de 1990 y, desde entonces, no se ha mirado hacia atrás para el elemento tecnológico sorprendente y en constante expansión. Al igual que con el advenimiento de algo nuevo, las empresas también están buscando formas de aprovecharlo para el *marketing*. Y el internet era un gran espacio ilimitado de publicidad y *marketing* para empresas pequeñas, grandes o medianas.

Los consumidores estaban siendo atendidos en todos los rincones del mundo y, de repente, para muchas organizaciones, el tamaño de su público objetivo se multiplicó y continúa creciendo a medida que más y más personas acceden a internet, especialmente en las grandes economías emergentes.

La aparición de motores de búsqueda ha aumentado el poder de internet y ha dado lugar a una plataforma gigantesca que puede soportar tanto la información como el comercio electrónico. Los propietarios de páginas web están aprovechando el excelente contenido para mejorar el tráfico y los dueños de negocios están aprovechando las páginas web y blogs para mejorar su propio alcance y base de clientes.

El *marketing* de afiliación se basa en relaciones e idealmente incluye tres partes interesadas principales: el anunciante, el editor y el consumidor. Déjeme darle un resumen de cada una de estas partes interesadas:

Anunciante- En *marketing* de afiliación, un anunciante es cualquier persona que quiera vender sus productos. La categoría de anunciante incluye empresas que también buscan vender sus productos. Los productos que se venden pueden variar desde productos electrónicos hasta alimentos, billetes de avión, seguros y productos de inversión y más. El elemento crítico aquí es que, como anunciante, debe estar dispuesto a pagar a las personas que ayudan a promocionar y vender sus productos y negocios.

Editor- Un editor puede ser una empresa o un individuo que promociona y vende los productos y negocios del anunciante por un cargo o comisión. El anunciante y el editor celebran un contrato en el que el primero proporcionará materiales de *marketing* en línea, como pancartas publicitarias en línea, enlaces a sitios web y anuncios de texto que el segundo incorporará a su sitio web.

Consumidor- La parte final y la más importante en la configuración de *marketing* de afiliación triangular es el consumidor. El consumidor es quien ve el anuncio y toma medidas que podrían incluir hacer clic en un enlace dirigido al sitio web del anunciante o completar un formulario que el anunciante ha solicitado. Esta finalización de la acción por parte del consumidor se denomina conversión, que es lo que se rastrea para los pagos de comisiones debidos al editor.

Una Breve Historia del *Marketing* de Afiliación

El *marketing* de afiliación funciona de tal manera que los anunciantes recompensan a los editores por cada nuevo consumidor y/o nueva transacción comercial que los editores aportan a través de sus propios esfuerzos de *marketing*.

La era antes del Internet- Aunque la frase "*Marketing* de afiliados" es convencionalmente un término en línea, el concepto de afiliado existía incluso antes de la llegada de internet. Para el caso, el concepto todavía existe en un modo fuera de línea. Un ejemplo clásico es cuando su esteticista o peluquero le da un descuento si le refiere a un amigo.

Una gran diferencia entre el modo fuera de línea y el modo en línea es que en el modo fuera de línea del modo tradicional, el alcance del *marketing* de afiliación no es tan amplio como el del modo internet. Otra diferencia clave entre los programas de *marketing* de afiliación en línea y fuera de línea es el de rastrear sus referidos. En el modo en línea, esto se ha automatizado y funciona de maravilla y no hay un solo cliente potencial convertido que se pierda, mientras que en el modo fuera de línea, el seguimiento y el pago de los referidos es una pesadilla logística.

La Revolución del Internet- El internet es, quizás, el descubrimiento más profundo del siglo XX. Ha cambiado la forma en que llevamos nuestras vidas. El internet ha influido en todos los aspectos de nuestras vidas, incluida la publicidad. Los consumidores han comenzado a buscar información, opiniones, reseñas de productos y otros detalles en internet y, por lo tanto, se ha convertido en una herramienta poderosa en manos de los anunciantes.

A medida que la tecnología avanzó y se lanzaron versiones más recientes de internet, el efecto de la publicidad podría rastrearse más fácilmente. Con la introducción de cookies en la Web 2.0, puede verificar fácilmente el efecto de sus campañas publicitarias en su embudo de compra. Y, además, los niveles mejorados de *blogging* de los consumidores, la gran cantidad de contenido que se genera en la web y la apertura de la plataforma de comercio electrónico fue un escenario perfecto para el inicio del *marketing* de afiliación.

El concepto de *marketing* de afiliación tan popular hoy en día fue diseñado, patentado e implementado para su uso por William J. Tobin. El primer programa de afiliados fue creado por W. J. Tobin para su compañía, PC Flowers and Gifts. Amazon lanzó su proyecto de afiliación llamado Programa de Asociados en 1996, que se considera un hito importante en el mundo del *marketing* de afiliación. El Programa de Asociados de Amazon generó un interés global de gran alcance y muchos minoristas lo usaron como modelo para formar sus propios programas de afiliación.

Clickbank y Commission Junction abrieron sus redes de afiliados en 1998 y con la llegada de estas redes, el *marketing* de afiliación se hizo mucho más accesible que antes, especialmente para los minoristas más pequeños. Estas dos redes facilitaron los intercambios entre afiliados y comerciantes y también ofrecieron soluciones de pago. En el año 2000, la Comisión Federal de Comercio de los Estados Unidos publicó un conjunto de normas y pautas para el *marketing* de afiliación que le dio al reino del *marketing* en línea un sello de aprobación del gobierno. En 2008, varias legislaciones en forma de nuevas pautas de divulgación y el Impuesto Nexus de Afiliados ayudaron a racionalizar y regular el campo del *marketing* de afiliación.

Con la breve historia anterior y una comprensión básica de "qué es el *marketing* de afiliación", me gustaría reiterar el poder de esta herramienta de publicidad para ayudarle a mejorar su propio estado financiero al conectarlo con millones de televidentes en todo el mundo, incluido ciudades altamente pobladas, bulliciosas y cosmopolitas como Nueva York, Singapur, Londres, Los Ángeles, Pekín, Tokio y más, a las zonas realmente remotas de economías emergentes como India, Brasil y los interiores de China.

Espero que este libro le brinde el cargo requerido para ayudarlo a despegar y mantener un programa de *marketing* de afiliación altamente rentable a través de sus páginas de redes sociales y/o su propio blog y página web.

Capítulo 1: ¿Cómo Funciona el *Marketing* de Afiliación?

El *marketing* de afiliación aprovecha las *"cookies"*, una tecnología simple e inocua que se integró en la Web 2.0, para dirigirse a un público específico y, por lo tanto, aumentar en gran medida las posibilidades de conversiones de clientes potenciales. Una *cookie* también ayuda a identificar, rastrear y evitar el *spam* y el *malware*, y también ayuda a mejorar la efectividad del *marketing* de afiliación.

¿Qué es una *cookie*?

Una *cookie* es una tecnología que colabora con los navegadores web para rastrear y almacenar datos críticos de *marketing*, como el registro del usuario y la información de inicio de sesión, el contenido del carrito de compras y las preferencias del usuario. Estoy seguro de que hay muchas veces que hace clic en "Sí" a la pregunta del ordenador, "¿Desea que se recuerde su identificación de usuario y contraseña para este sitio web?" Esto es un ejemplo de una *cookie*.

¿Se da cuenta de que cuando navega por la web en busca de algo, encuentra una gran cantidad de anuncios y ofertas basados en viajes? Esto se debe a que ha sido memorizado, es decir, cuando ha buscado ofertas de viaje anteriormente, esa búsqueda ha sido almacenada por las *cookies* y, por lo tanto, los anuncios basados en objetivos están llegando a otros sitios web por los que está navegando. Las *cookies* son excelentes maneras de ayudar a los anunciantes a rastrear las preferencias de los usuarios y enviarles pancartas y ofertas de consumo que satisfagan las necesidades del usuario. En tales casos, en los que los productos del anunciante coinciden perfectamente con las necesidades del consumidor, las posibilidades de conversiones de clientes potenciales son altas.

Las *cookies* rastrean y registran los siguientes tipos de información con respecto a los consumidores:

- Enlaces a sitios web en los que ha hecho clic
- Anuncios de sitios web en los que ha hecho clic
- Páginas web que ha visitado
- Hora y fecha cuando hizo clic en cualquier enlace
- Hora y fecha en que usted visitó las páginas web
- El tipo de contenido y sitios web que más le gustan

Cuando un consumidor visita el sitio web de un editor, le gusta y hace clic en el enlace o anuncio del sitio web del anunciante, el navegador web del consumidor recibe la *cookie* de seguimiento e identifica y almacena la siguiente información:

- ¿Quién es el anunciante?
- ¿Quién es el editor?
- ¿Cuál es el anuncio o enlace en el que se ha hecho clic?
- Importe de la comisión adeudada al editor

Toda la información anterior se almacena en la información del enlace en el campo "parámetros". Este campo también contiene otros datos anónimos que se utilizan para la atribución.

¿Qué son las redes de afiliados?

Las redes de afiliados como Google Affiliate Network, ClickBank, Commission Junction y más son centros que conectan editores y anunciantes. Estas redes tienen los medios tecnológicos para rastrear transacciones y clientes potenciales, ofrecer soluciones de pago e informes requeridos. Los anunciantes, por supuesto, tienen la opción de utilizar estas redes establecidas para sus programas o emplear su propia plataforma interna.

Tomemos un enlace específico y aprendamos y comprendamos cómo algunos de los identificadores críticos se usan y almacenan en la información del enlace, que luego usan las redes afiliadas y/o anunciantes para rastrear y realizar pagos. El siguiente es un ejemplo de un enlace:

```
<a href="http://www.tkqlhce.com/click-5377085-
10590299?sid=012-123" target="_blank">
webservices.cj.com</a><img border="0" height="1"
src="http://www.ftjcfx.com/image-5377085-10590299"
width="1" height="1" border="0" />
```

Las siguientes características del enlace son información crítica basada en el *marketing* de afiliación que debe conocer y tomar en cuenta:

ID del sitio web del editor (o PID) - En el ejemplo anterior, el PID es 5377085, que es la identificación única del editor. Un programa de afiliación de *marketing* generalmente le da a un editor una identificación única y, en virtud de la cual él, ella o la compañía podrían tener varias cuentas. Por ejemplo, usted como editor podría tener múltiples sitios web, y todos podrían estar vinculados a este PID único.

Como editor, podrá promocionar el negocio, los servicios y los productos del anunciante mediante la visualización de anuncios, pancartas, enlaces de texto, cuadros de búsqueda y más. Cada vez que se generan clientes potenciales exitosos para el anunciante desde su sitio web, usted recibe comisiones pagadas que generalmente son un porcentaje de la venta real o un monto fijo dependiendo de la transacción de venta.

ID del anuncio (o AID) – En el ejemplo anterior, el AID es 10590299 e identifica el enlace específico. Este AID permite el seguimiento del rendimiento del enlace particular en cuestión y también permite que el editor reciba una comisión pagada. Cada enlace tiene un AID único que permite el seguimiento de los anunciantes adecuadamente.

Un anunciante también se conoce como comerciante, marca o minorista y vende un producto o servicio. Los anunciantes y los editores se asocian entre sí en un esfuerzo por aumentar las ventas. Los anunciantes están más contentos con los programas de afiliación que con otras formas de publicidad, ya que bajo este esquema necesitan desembolsar los montos de las comisiones solamente en clientes potenciales convertidos.

ID del comprador (o SID) - Esta identificación ayuda al editor a rastrear sus generadores de acción referidos. Estos datos se utilizan para recompensar y apuntar a los compradores. Los detalles del visitante se registran cada vez que realiza una compra y/o completa un formulario de cliente potencial. La transacción realizada también se rastrea y almacena para referencia. Los anunciantes y editores dependen de los compradores para tener éxito en su aventura comercial.

Detalles de trabajo de un programa de *marketing* de afiliación

Los diversos pasos y procesos que forman parte de un programa de afiliados se proporcionan a continuación para una sencilla referencia:

- Como afiliado, primero debe registrarse con el anunciante a través de una red de afiliados o directamente. Después de firmar el contrato, obtendrá una URL especial de afiliado o un enlace que contiene el nombre de usuario/ID del afiliado.

- Luego, usted utiliza ese enlace para mostrarlo en su página web. A veces, el anunciante puede enviarle contenido creativo o anuncios para que aparezcan en su página web. Estos detalles generalmente forman parte del acuerdo.
- Cuando un visitante de su sitio web hace clic en el enlace del anunciante, una *cookie* del anunciante se coloca en el ordenador del visitante.
- Luego, el cliente realiza una compra o una transacción requerida en el enlace del anunciante.
- Cuando el visitante completa la transacción, el anunciante verificará la *cookie* en el ordenador y encontrará su identificación de afiliado y le dará crédito por la transacción.
- Luego, el anunciante actualiza todos los informes relevantes que reflejan el tráfico de visitantes, así como las ventas que ha generado su enlace de afiliado.
- Los pagos de comisiones se realizan de forma regular, normalmente mensualmente, en función de las ventas y/o clientes potenciales generados. Estos se detallan claramente en el contrato de contrato firmado por el anunciante y el editor.

Ahora que conoce y comprende qué es el *marketing* de afiliación y cómo funcionan los procesos, el próximo capítulo trata sobre la jerga comúnmente utilizada en el mundo del *marketing* de afiliación. Esto lo ayudará a saber exactamente cuáles son los términos de su contrato y cómo y cuándo se realizan los pagos.

Beneficios del *Marketing* de Afiliación

El *marketing* de afiliación se ha vuelto tan importante en los últimos años que en muchas industrias ha reemplazado predominantemente al *marketing* fuera de línea. En el *marketing* de afiliación, no necesita invertir tiempo y esfuerzo en crear un producto o servicio para vender. Una vez que tenga una plataforma para vender un producto o servicio, puede comenzar a vender esos productos o servicios.

Empresas e individuos pueden utilizar el poder del *marketing* de afiliación para obtener ganancias de cada venta que realizan. Aparte de estos, aquí están los otros beneficios del *marketing* de afiliación:

Subcontratación

La mayoría de los afiliados son expertos en *marketing* de motores de búsqueda, lo que le brindará la oportunidad de llegar a la cima de los motores de búsqueda como Google o Yahoo sin necesidad de gastar demasiado dinero en la optimización de motores de búsqueda.

El *marketing* de afiliación es una de las formas más rápidas para que las pequeñas empresas se expongan al mercado, ya que los anuncios se pueden colocar en varios sitios web. Las empresas también pueden ahorrar tiempo en el *marketing* de afiliación, ya que no hay necesidad de buscar y encontrar clientes potenciales.

Sin Horas Fijas

Cuando comienza con el *marketing* de afiliación, también es usted quien establece sus propias horas de trabajo. Cuando trabaja para un jefe, trabaja cuando se lo dicen. También puede haber ocasiones en las que le pedirán que trabaje horas extra.

Trabajando a sus horas significa que puede elegir el momento ideal cuando cree que su mente estará en la cima de la concentración. Si su mejor hora para trabajar es desde las 6 de la mañana hasta las 10 de la mañana, puede hacerlo durante esas horas. Puede elegir reanudar su trabajo nuevamente por la tarde, durante las horas de más concentración nuevamente. Si está trabajando para un jefe con un plazo determinado, no puede elegir trabajar cuando quiera, lo que puede afectar su trabajo de todos modos.

Solo Incurrir en Costos Fijos

No hay desperdicio de presupuesto cuando se trata de *marketing* de afiliación. El monto pagado a los afiliados es el costo de venta. El propietario del negocio establecerá la recompensa y solamente pagará cuando se realicen las ventas.

Capacidad de Ser Encontrado

Una vez que un consumidor visita los motores de búsqueda como Google y Yahoo, se dirigirán múltiples listados y se vincularán al negocio, lo que proporcionará una mejor oportunidad de ser encontrado en comparación con los otros competidores que solo tienen uno o dos enlaces en la primera página.

Visibilidad

Los afiliados pueden asegurar listados de motores de búsqueda altos y pueden mostrar anuncios en sus sitios web. Al referir clientes, un afiliado solo necesita un sitio web. Esta es una exposición gratuita de marca, producto o servicio que no tiene ningún tiempo improductivo.

Mejores prospectos y adquisiciones

Los afiliados pueden elegir los anuncios que desean usar y anunciar en sus sitios web. Estos afiliados saben quiénes son sus audiencias y futuros clientes. Gracias a esto, pueden elegir las campañas más adecuadas para atraer a estas perspectivas a su grupo demográfico. Se basa en los intereses del afiliado para elegir los anuncios a los que la audiencia probablemente responderá.

Económico

El *marketing* de afiliación es el más rentable cuando se trata de opciones de *marketing* directo. Otras opciones de *marketing* directo como multimedia, vallas publicitarias y publicidad de pago por clic pueden ser efectivas, pero también son costosas. No hay presupuesto desperdiciado en lo que respecta al *marketing* de afiliación, ya que no es necesario pagar a un afiliado a menos que un visitante se convierta en cliente.

Capítulo 2: Jerga Comúnmente Utilizada en el *Marketing* de Afiliación

Antes de aventurarse en algo nuevo, es fundamental aprender las habilidades básicas de comunicación para tener éxito en la empresa. Cómo se nombran los diversos aspectos de un nuevo negocio, qué significan los nombres, qué palabras usan las diversas partes interesadas para comunicarse entre sí, el lenguaje de código utilizado; todos estos elementos son extremadamente importantes para aprender y dominar antes de sumergirse en una nueva aventura de negocio.

Estar familiarizado con los términos que se utilizan en el negocio lo ayuda a ganar confianza cuando habla con personas asociadas con el negocio. Esta confianza mejorada ayuda a mejorar el éxito de su empresa. Usar la misma jerga lo pone al nivel de los experimentados en el campo y mejora significativamente su nivel de confianza.

Este capítulo está dedicado a ayudarlo a aprender los términos y jerga comúnmente utilizados en el *marketing* de afiliación. He organizado las palabras y frases alfabéticamente para facilitar una búsqueda fácil. Entonces aquí va:

Primer pantallazo – Esta es la parte del sitio web o blog que un visitante ve sin desplazarse hacia abajo. Esta parte es lo primero que se hace visible cuando se carga la página.

Adware – Muchas veces denominado *spyware*, generalmente forma parte de un *software* gratuito en el que se incluyen anuncios innecesarios y molestos. Además, muchas veces, estos programas de *software* son difíciles de desinstalar y pueden crear muchas molestias para los consumidores. Los anunciantes establecidos normalmente no desean asociarse con afiliados que utilizan este método de publicidad bastante engañoso.

Acuerdo de Afiliación – Este es un contrato que se le envía cada vez que inicia una nueva relación con un comerciante y/o red de afiliados. Es un documento legalmente vinculante que contiene reglas, regulaciones, responsabilidades, expectativas y otras legalidades críticas relacionadas con ambos lados de la asociación de afiliados, es decir, el editor y el anunciante. Los términos de servicio entre las dos partes son los que supervisan y definen la relación de afiliación.

Enlace de Afiliación – Este es el enlace único que el anunciante le proporciona al comienzo de la relación. Este enlace único lo identifica como afiliado cada vez que el tráfico de su blog y/o sitio web se dirige al sitio web del anunciante. Este enlace ayuda a rastrear las ventas y el tráfico generado por sus esfuerzos de *marketing*. El enlace o URL especial del afiliado está integrado con el nombre de usuario y/o ID del afiliado.

Administradores Afiliados – Los administradores afiliados son personas que ayudan a los anunciantes a administrar sus programas de afiliados. Estas personas tienen la responsabilidad de reclutar afiliados, garantizar que éstos promocionen sus productos y servicios de manera legítima y aumentar las ventas de los afiliados. Los administradores afiliados suelen ser un puente entre el afiliado y el anunciante. Podrían ser empleados internos del anunciante u ofrecer servicios como proveedores externos, como redes de afiliados.

Red de Afiliación – Las redes de afiliados son proveedores de servicios externos que ayudan a los anunciantes a administrar sus programas de *marketing* de afiliados. Estas redes ayudan a conectar al anunciante y a los afiliados, mejorando así el alcance del anunciante. También ofrecen el soporte tecnológico de control requerido para realizar un seguimiento y registrar y entregar informes sobre el tráfico y las oportunidades de generación de ventas creadas por el editor. También se aseguran de que el editor sea pagado correctamente y según el contrato firmado.

Las redes de afiliados facilitan la mejora de los programas disponibles tanto para el anunciante como para el editor en una plataforma común. Algunas redes de afiliados muy populares que operan en el mercado hoy día son Commission Junction, Amazon Associates y ClickBank.

Programa de Afiliación – Es el tipo de programa que ofrecen los anunciantes a los editores en el que este último refiere a las personas a los productos y servicios del primero. El anunciante paga una comisión predeterminada al editor a cambio de dichas referencias. Los programas de afiliación también se denominan programas de socios, asociados, ingresos o intercambio de referencias. Muchos anunciantes utilizan sus programas de afiliación **internos** que se denominan **programas independientes**, cuyo nombre completo es "programas de afiliación independientes".

Aprobación – Los comerciantes o anunciantes dan aprobación manual o automática para asociarse con afiliados. La **aprobación manual** implica que el anunciante examine cada solicitud individual y dé su aprobación para la participación del afiliado en el programa. La **aprobación automática** significa que el anunciante aprueba todas las solicitudes de afiliación de forma instantánea y automática.

***Banner* Publicitario** – Los anuncios de *banner* son anuncios gráficos visuales de los comerciantes que se muestran en la página web del editor.

Devolución de cargo – Puede haber ocasiones en que un cliente referido por usted compre los productos y/o servicios del anunciante, pero cancele el pedido más adelante. Mientras tanto, el anunciante puede haber pagado su comisión. En la cancelación de su pedido, el anunciante deducirá el monto de la comisión que se le pagó y esta deducción se llama devolución de cargo.

En los programas de afiliación que pagan por la generación de *leads*, este recargo puede activarse si el anunciante considera que las referencias son fraudulentas.

Encubrimiento – Se trata de ocultar el contenido de una página web o también puede implicar ocultar códigos de seguimiento de afiliados dentro de los enlaces. Ocultar contenido está en contra de las normas prescritas, mientras que ocultar códigos de seguimiento está permitido y se practica comúnmente en el campo del *marketing* de afiliación para aumentar el número de clics y otras ventajas de *marketing*.

Fraude de Clic – Hay muchos programas de afiliados que pagan en función de pago por clic. En un intento por cobrar más, hay muchas personas que simplemente hacen clic en dicho enlace sin tener ningún interés real en los productos y servicios del anunciante. Estos clics fraudulentos nunca se convierten en ventas y, por lo tanto, se denominan fraudes de clics.

Comisión – Esta es la cantidad de dinero recibida por el afiliado del anunciante para proporcionar referencias y/o clientes potenciales de ventas. Esta cantidad suele ser un elemento predefinido que se paga si el anunciante logra el resultado deseado debido a los esfuerzos de *marketing* del afiliado. Las comisiones a veces se denominan también **recompensas del cliente**.

Enlace Contextual – Este es un enlace que está integrado en el contenido de su blog o sitio web en lugar de ser puesto en la barra lateral, que es una forma más convencional.

Conversión – Se dice que se logra una conversión si un visitante de su sitio web ha hecho clic en el enlace del anunciante y ha completado el plan de acción requerido, como registrarse en el sitio web del anunciante o comprar un producto. Las conversiones dependen del resultado deseado y variarán de anunciante a anunciante. Este elemento generalmente se incluye en el acuerdo de afiliación.

Cookies – Si bien este término no es exclusivo del *marketing* de afiliados, los programas de *marketing* de afiliación aprovechan la ventaja de la tecnología de *cookies* para rastrear y registrar las ventas y transacciones activadas desde el dominio del editor. Las *cookies* se utilizan para asignar identificaciones únicas a varios usuarios para realizar un seguimiento de las conversiones y los pagos.

Aquí se proporciona un ejemplo de cómo funciona una *cookie*. Supongamos que ha escrito un comentario de libro en su sitio web junto con un enlace para comprar el producto en Amazon. Un visitante ve las críticas de libros y hace clic en el enlace para comprar el libro. Sin embargo, por alguna razón, él o ella no pudo completar la transacción. Después de un par de días, el visitante va directamente a Amazon y compra el libro. Como Amazon ya había insertado la cookie en el ordenador del visitante cuando hizo clic en el enlace de afiliado de su sitio web, obtendrá la comisión por esta compra ya que la venta se le atribuye a pesar de que el visitante compró el libro más tarde y sin volver a visitar su sitio web.

Retención/Caducidad de *Cookie* – Cada *cookie* viene con una fecha de caducidad después de la cual esta desaparece del ordenador del cliente. Si el cliente decide completar la compra después de que la *cookie* haya caducado, la venta no se le atribuye. Por lo general, la *cookie* se retiene durante 30-90 días; sin embargo, hay algunos en los que la duración de la retención es mucho más corta.

Relleno de *Cookies* – Esta es una forma furtiva de obtener más atribuciones de ventas por parte de afiliados sin escrúpulos. Las cookies se insertan deliberada y furtivamente desde el sitio web del anunciante al ordenador del consumidor sin que el usuario realmente visite el sitio web del afiliado. Este método se basa en el hecho de que algún día el consumidor visitaría el sitio del anunciante y realizaría la compra que luego se atribuiría al afiliado que introdujo la *cookie*.

Todos los usuarios legítimos desaprueban este tipo de trato encubierto y este tipo de afiliados también está prohibido en muchos programas. Por lo tanto, es importante saber que existen tales tratos clandestinos y que hay formas y medios para atrapar y prohibir al culpable. ¡Nunca consienta este método de *marketing* de afiliación sin escrúpulos!

CPA – El nombre completo de CPA es Costo por Adquisición/Acción. Esto es lo que el anunciante paga al editor en función de la acción de calificación tomada por los consumidores que se dirigen desde el sitio web del editor. Las acciones de uso común incluyen registros y ventas completadas.

El CPA a veces se denomina CPO (costo por pedido) o CPS (costo por venta) y se refiere al monto pagado por el anunciante al editor por cada pedido o venta que califica.

CPC – La forma completa de CPC es el costo por clic y, como su nombre lo indica, se refiere al pago realizado por el anunciante por cada clic en su anuncio en línea que se muestra en el sitio web del editor.

CPL – La forma completa de CPL es el costo por cliente potencial y nuevamente, como su nombre lo indica, es el monto pagado por el anunciante al editor por cada cliente potencial calificado que podría ser en forma de ID de correo electrónico, formularios de registro completos, un formulario de encuesta o cualquier otro como se describe en el acuerdo de afiliación.

CTR – La forma completa de CTR es la relación / tasa de clics, que es una métrica que normalmente se utiliza en la publicidad de venta directa. Esta proporción representa el porcentaje de visitantes al sitio del afiliado que han hecho clic en el enlace del anunciante.

Alimentación de Datos – Es un archivo que contiene todos los detalles del producto de un anunciante en particular. Los detalles incluyen descripciones, imágenes y precios de los productos junto con su enlace de afiliado. Es muy útil cuando establece una tienda en línea que cuenta con productos afiliados.

Divulgación – Un aviso o página en su sitio web que le dice a sus visitantes que le pagan o compensa por comprar productos, endosos de servicios y recomendaciones hechas por usted se llama divulgación. Esto está de acuerdo con las leyes de la Comisión Federal de Comercio.

EPC – O ganancias por clic, que es el ingreso promedio que gana como afiliado por cada clic. Para calcular las ganancias por clic, deberá dividir la cantidad de comisión ganada por el número total de clics en el enlace de afiliado. Aquí hay un ejemplo para ilustrarlo: suponga que ha ganado $4000 como ganancias durante toda la vida de su membresía de afiliado para un enlace en particular y el número total de clics es

12.000, entonces el EPC sería 4000/12000 = 33 centavos.

Primer Clic – Esta es una de las formas de funcionamiento de un programa de afiliados. Permítanme explicar este término con un ejemplo. Supongamos que un visitante llegó a su página e hizo clic en el enlace del anunciante, pero no realizó la compra en ese momento. Después de algunos días, supongamos que este visitante fue a la página de otro afiliado, hizo clic en el enlace del mismo anunciante y realizó la compra.

Este anunciante le atribuye esta venta porque el primer clic en el sitio web del anunciante fue desde su enlace. Sin embargo, esta transacción debe realizarse dentro de la fecha de caducidad de la *cookie*. Dado que el primer clic en el sitio del comerciante fue desde su sitio, se le atribuye la venta siempre que se lleve a cabo antes de la fecha de vencimiento de la *cookie*.

Atribución de Último Clic – Esta es otra forma en que funciona un programa de afiliados. Lo opuesto al primer clic es la atribución del último clic. El sitio que el consumidor visitó por última vez e hizo clic en el sitio web del anunciante recibe la atribución de la venta, si corresponde. En este caso, se ignoran los clics anteriores y solamente se tiene en cuenta el sitio afiliado desde el último clic.

Impresión – Las impresiones miden la cantidad de veces que se muestra un anuncio en una página. Cada vez que se muestra un anuncio es igual a una impresión.

Red Maestra de Afiliados – El uso de un código JavaScript que se coloca adecuadamente en su página le permite vincular algunos o todos los programas de afiliación comercial a través de una red de afiliación maestra. SkimLinks y VigLink son ejemplos de redes maestras de afiliados populares y establecidas.

Nicho – Un sitio web que se ocupa de una vertical o tema específico se denomina sitio de nicho. Por ejemplo, si su blog está dedicado a la cocina, entonces se lo designará como un sitio web especializado.

Umbral de Pago – Muchos anunciantes requieren que los afiliados acumulen un umbral de monto mínimo para realizar el pago de la comisión. Este límite se llama umbral de pago.

PPC – Pago por clic, este modelo de pago implica que el anunciante debe realizar pagos de comisión por cada clic en el anuncio del afiliado. También conocido como costo por clic o CPC, este modelo de pago es utilizado por muchos anunciantes establecidos y redes afiliadas.

ROAS – Es el retorno del gasto en publicidad y es un término utilizado para calcular los ingresos recibidos por cada dólar gastado en anuncios. Es una proporción obtenida dividiendo los ingresos generados por el costo de la publicidad y las campañas.

ROI – Es el retorno de la inversión. En términos simples, se calcula evaluando la ganancia (o pérdida) obtenida contra la cantidad de dinero invertido en el negocio. El monto invertido sería una suma de los montos utilizados para establecer el negocio, costos de publicidad, costos de funcionamiento y más.

PPS y PPL – Pago por venta y pago por cliente potencial son métodos de pago comúnmente utilizados en el campo de *marketing* de afiliación.

Política de Privacidad – Una página en su página web debe estar dedicada a que los visitantes sepan cómo manejará la información privada que le proporcionarán a través de formularios de contacto o mediante métodos de seguimiento ocultos. Esta norma de divulgación es un requisito previo para participar en los programas de afiliación de muchos anunciantes. También es necesario asociarse con Google Analytics y Google Adsense.

Súper Afiliados – Los que más ganan en cualquier programa de afiliados se conocen como los Súper Afiliados y normalmente estas personas contribuyen hasta el 80% de las ventas totales generadas por el programa. A la mayoría de los anunciantes les encanta asociarse con súper afiliados, ya que esto les libera tiempo para enfocarse en sus competencias básicas, ya que las tácticas de *marketing* de afiliados de todos modos hacen maravillas.

Los Súper Afiliados normalmente disfrutan del poder de la **marca compartida** ofrecida por los comerciantes en donde el enlace del afiliado lleva al visitante a la página de inicio del anunciante, que contiene las marcas tanto del afiliado como del comerciante.

Código de Localización – El seguimiento es la identificación única que le dio el anunciante cuando se registra por primera vez el acuerdo de afiliación. Este código de seguimiento ayuda a realizar un seguimiento del tráfico, las ventas y los clientes potenciales generados por usted como afiliado en función de los pagos de comisiones que se realizan.

Etiqueta Blanca – Hay algunos anunciantes que permiten que sus productos y/o servicios sean vendidos por el editor bajo su propia marca. El consumidor tiene la impresión de que el producto realmente pertenece al editor. Esto se conoce como etiquetado blanco.

Ahora que se le han explicado claramente los términos comunes y algunos términos poco comunes, el siguiente capítulo trata específicamente sobre la importancia de tener una excelente página web o blog para que pueda atraer a más visitantes y, por lo tanto, mejorar las oportunidades comerciales y de *marketing* a través de su Blog.

Capítulo 3: Blog/Página Web – Un Elemento Clave para el Éxito del Marketing de Afiliación

Comenzar y mantener un blog o página web épica es quizás el elemento más importante para tener en cuenta si está buscando que su empresa de *marketing* de afiliación sea un éxito. Si desea monetizar su blog, simplemente junte y actualice algunas publicaciones y luego espere que lo mejor no sea suficiente. Debe ponerse a pensar, trabajar duro y crear un excelente blog que atraiga y retenga a los lectores leales y luego acumule dinero y éxito para usted.

Antes de establecer su blog, debe saber cuál es su nicho, en qué va a escribir y de dónde vendrá su tráfico. Tendrá que sentarse y hacer una investigación seria y encontrar un nicho rentable sobre el que pueda escribir para aumentar el tráfico a su blog y luego monetizarlo. Los siguientes pasos le ayudarán a comenzar un gran blog:

- Escoja un nicho
- Registre un nombre de dominio adecuado
- Obtenga un buen plan de alojamiento de páginas web o
- Instale una plataforma de blogs popular y bien establecida como WordPress, Jekyll, Tumblr, etc.
- Cree un excelente contenido de blog.

¿Cómo elegir un nicho que le sea rentable?

Este es, creo, el elemento más importante en la creación de un blog que, lenta pero seguramente, atraerá más tráfico y, por lo tanto, ofrecerá oportunidades comerciales ilimitadas. Elegir un nicho incorrecto puede ser el principio del fin para usted en los blogs. A pesar del contenido escrito de forma hermosa, un diseño de blog excelente y excelentes imágenes, si no se elige el nicho correcto, no podrá monetizar su blog.

Hay varias formas de encontrar el nicho más rentable y estas son algunas de ellas:

Siga el rastro del dinero – Esté atento a los nichos en los que las empresas gastan la mayor cantidad de dinero en publicidad. Este método es la forma más sensata de encontrar su nicho rentable porque las empresas no gastarán ese tipo de dinero a menos que estén convencidos de que los retornos de la inversión vendrán en grandes cantidades.

¿Cómo se encuentra un nicho rentable usando este método? ¡Simple! Utilice el Planificador de palabras clave de Google y busque las palabras clave mediante una búsqueda como Google o Bing. Si hay más de 3 o 4 anuncios que aparecen al lado de las mismas palabras clave, entonces puede estar seguro de que este es un nicho rentable.

Google Keyword Planner lo ayudará nuevamente a encontrar cuál es el precio promedio de un clic para ese nicho y podrá estimar las ganancias que puede obtener de Google Adsense.

Otra forma de encontrar un nicho rentable es aprovechar la información de Spyfu; una herramienta de análisis de búsqueda bastante precisa. Spyfu le brinda las palabras clave y frases clave que los anunciantes pagan y cuánto. Commission Junction (CJ.com) también lo ayudará a encontrar un nicho que sea rentable.

Facebook – Además de ser la red de redes sociales más grande del mundo, también es una herramienta muy útil para descubrir si el nicho que desea elegir tiene el potencial de hacerle ganar dinero o no. Cree y siga su página de Facebook para conocer y comprender mejor a sus fans. Aprenda sobre sus perfiles, sus gustos y disgustos; use sugerencias de Facebook para ver la competencia, etc.

Investigación de Palabras Clave del Viejo Mundo – A pesar de la aparente antigüedad de este método, créanme, funciona muy bien para decidir sobre un nicho rentable. Con la frase clave correcta, puede obtener mucha información en función de la cual puede elegir o dejar de lado el nicho que está investigando:

El nivel de competencia: a mayor número de búsquedas; mayor demanda del nicho.

Nombre de marcas y empresas relevantes.

Intenciones de los buscadores: invariablemente, las personas que utilizan la revisión de *widgets* son personas interesadas en realizar la compra. Las frases como "nombre y número de *widget*", "marcas de *widgets* principales", "comprar *widget* en línea", etc. indican una mejor oportunidad de ventas completadas, mientras que frases como "widget de queja", "historial de widgets", etc. tienen menos posibilidades de ventas completadas.

Registrar un nombre de dominio adecuado

Aquí hay algunos consejos para ayudarlo a elegir un buen nombre de dominio:

- Apéguese a .com ya que la mayoría de las búsquedas se realizan con .com en lugar de otras opciones como .net, .tv., .info, etc. la opción .net también es buena, pero intente mantener la opción .com.
- Mantenga su nombre de dominio corto y simple.

- El nombre de dominio debe ser fácil de deletrear y recordar. Evite palabras y frases complejas.
- Evite guiones en su nombre de dominio.
- Recuerde que incluir la palabra clave en su dominio y mantenerla al principio del nombre es mejor que mantenerla al final. Por ejemplo, si "murciélagos voladores" es la palabra clave, un nombre de dominio como murcielagosvoldaoresgeniales.com será más adecuado que venavermismurcielagosvolares.com.
- No se deprima por el hecho de que el nombre de dominio "perfecto" que eligió ya está en uso; regrese al tablero y comience nuevamente. Recuerde que la perseverancia paga.

Adquiera un buen plan de Alojamiento web – Hay muchas empresas de servicios de alojamiento web disponibles en el mercado. Los principales sitios de alojamiento establecidos con un historial probado incluyen Go Daddy y Blue Host. Visite sus sitios web y elija un plan que se adapte a sus necesidades y cartera lo mejor posible.

Instale una plataforma de blogs popular y bien establecida

Hay muchas personas que recomiendan el uso de su propio sitio web a través de un servicio de alojamiento web en lugar de utilizar una plataforma de blogs gratuita. Como hay ventajas y desventajas para ambos, puede investigar y tomar las decisiones adecuadas. Aquí hay una lista de algunas plataformas populares de blogs gratuitas que utilizan personas de todo el mundo:

WordPress.Com – Esta plataforma de blogs gratuita (cualquier actualización tiene un costo) es, quizás, la plataforma de blogs más popular del mundo en la actualidad. WordPress funciona muy bien para aquellos que no desean personalizaciones y complementos agregados. Es una excelente manera de probar y fortalecer sus habilidades de *blogging* aquí sin tener que gastar tiempo y dinero en su propio blog.

Tumblr – Una vez más, una plataforma de blogs gratuita, Tumblr es fácil de configurar. Puede comenzar a bloguear de inmediato y la función "reblog" de esta plataforma es una gran herramienta.

WordPress.org – La principal diferencia entre WordPress.com y WordPress.org es que el primero está alojado en el servidor de WordPress, mientras que el segundo está alojado en un servidor externo. ¡Existe un pequeño costo de alojamiento para WordPress.org y le da acceso a un amplio repertorio de temas y complementos que mejorarán inmensamente el perfil de su blog!

Crea un excelente contenido de blog

El contenido es el rey es el adagio más antiguo y, sin embargo, suena cierto independientemente de la plataforma que usemos. Y nada está más lejos de la verdad, incluso en hacer un gran éxito comercial de su blog. Aquí hay algunas razones de por qué el contenido fue, es y seguirá siendo el rey y por qué debe centrarse en este elemento extremadamente crítico de su blog:

Gran contenido funciona de maravilla para SEO – El contenido original y de alta calidad en un sitio web tiene un gran impacto en las clasificaciones de SEO. El contenido único publicado regularmente con enlaces a otro contenido relevante junto con palabras clave colocadas naturalmente en el texto mejora automáticamente la clasificación de SEO. Una mejor clasificación significa más tráfico a su blog y, por lo tanto, también mayores oportunidades de negocio.

El excelente contenido mejora la participación de los visitantes – Si escribe un buen contenido, los visitantes acudirán a su sitio web ya que se sentirán más comprometidos con su escritura que con un contenido mal escrito. Se animará a los visitantes a dejar comentarios, dar me gusta o incluso compartir su contenido, mejorando así su marca. Otra excelente manera de garantizar que su contenido comience bien y fomentar una excelente relación con el consumidor es asegurarse de que su contenido también esté disponible en las redes sociales y se pueda compartir fácilmente.

Gran contenido genera ventas – Cuando su contenido es único, honesto y transparente, es más probable que las personas crean lo que dice y lo que muestra en sus páginas. Esto los exhorta a realizar compras y hacer clic en los anuncios de los afiliados en su sitio web, lo que aumentará los clientes potenciales y las ventas, lo que a su vez se traducirá en más dinero para usted. Además, la difusión de su marca de boca en boca también aumentará el tráfico.

Excelente contenido agrega valor a la vida de sus lectores – A los consumidores les gusta agregar contenido de valor la mayoría de las veces, ya que invariablemente su vida diaria se ve afectada positivamente. El contenido educativo, como críticas buenas y honestas de productos y servicios, blogs instructivos, videos basados en el aprendizaje, contribuye en gran medida a atraer y retener visitantes leales a su sitio web.

La calidad del contenido de su blog tiene un impacto directo en la forma en que obtiene sus ganancias a través de programas de *marketing* de afiliación. Nunca subestime el poder de crear contenido único y de buena calidad. Asegúrese de actualizar el contenido regularmente y, por lo tanto, aumentar las posibilidades de ganar más dinero a través de la ruta de *marketing* de afiliación.

Capítulo 4: Estrategias del *Marketing* de Afiliación

El *marketing* de afiliados ha experimentado enormes cambios desde su primera aparición en el mundo de internet. Se han establecido muchas regulaciones y leyes; las clasificaciones de SEO son bastante despiadadas al descartar y castigar el contenido débil y de baja calidad; existen grandes desafíos a medida que la competencia gana terreno; se está volviendo realmente difícil mantenerse a la vanguardia en el juego del *marketing* de afiliación.

A pesar de las dificultades, este reino tiene muchas oportunidades en la tienda y si trabaja duro y diligentemente y persiste en sus esfuerzos, seguramente encontrará el éxito. Hay muchas personas por ahí que están haciendo millones a través del canal de *marketing* de afiliación. Hay estrategias simples, directas y honestas que lo ayudarán a ganar terreno aquí y este capítulo enumera algunas críticas e importantes para usted:

Manténgase en un nicho pequeño y profundice

Muchos principiantes cometen el error común de trabajar con múltiples nichos y no tener el enfoque para trabajar duro solo un par de ellos. En lugar de crear múltiples páginas web que abarquen muchos temas, elija 2 o 3 nichos rentables y trabaje duro en cada uno de ellos para aumentar el tráfico y obtener más ventas y clientes potenciales.

Una vez que haya alcanzado cierta cantidad de éxito, encontrará los recursos para manejar una mayor cantidad de nichos en varios temas. Pero al principio trabaje en pareja y profundice mucho en lugar de solo rascar la superficie de muchos nichos.

Los recién llegados al sistema a menudo cometen el error de sazonar su página o páginas con muchas cosas diferentes, imaginando que es probable que las personas compren más porque tienen más opciones. Es típico del pensamiento humano querer tener muchas opciones en cualquier cosa, incluso en los enlaces de un sitio web. Pero esto está mal en muchos niveles. No es una tienda: no tiene que ofrecer a sus clientes la opción de elegir porque no llegaron a su sitio con la compra en mente. Están allí para obtener información, y si es bueno en lo que hace, podrá convencerlos de que compren algo mientras están allí para que usted pueda ganar algo de dinero.

Piense en esto como un concierto con clase para tener solo una promoción de página web y ese página web es la mejor que sus lectores pueden tener. Es decir, tendrá la oportunidad de promocionar un producto o servicio mejor en lugar de tener que hacerlo por 5 o 6 diferentes. Eso no solo confundirá a sus clientes, sino que también lo confundirá a usted. Tendrá que buscar dos o tres compañías diferentes y pensar dónde se verán mejor sus enlaces. En efecto, estará complicando el proceso usted mismo. Es mejor tener fe en un producto o servicio y promocionarlo lo mejor que pueda. Piense en usted como una tienda emergente para promocionar un producto en lugar de un supermercado que ofrece muchas opciones.

Digamos que hay una página web para acampar. En este caso, sería una buena idea afiliarse a una empresa que vende productos de *camping* y ocio, en lugar de un solo producto. Supongamos que escribe un artículo de revisión sobre los últimos sacos de dormir de invierno. Puede señalar las virtudes y los problemas de un producto vendido por su afiliado, y si lo hace correctamente, querrán comprar uno. Debido a que pueden hacerlo fácilmente desde su página, harán clic y tal vez también compren algo más mientras lo hacen.

Siempre es el poder de la sugerencia lo que funciona en la mayoría de los clientes. Les gustará algo si les dices que les estás ofreciendo el mismo producto que has probado personalmente y que te ha gustado.

Por otro lado, si hay demasiadas opciones, digamos que tiene enlaces a media docena de sacos de dormir diferentes, así como a la que ha revisado, irán a un sitio de comparación de precios para ver las cosas. Una vez que abandonen su sitio, es poco probable que regresen, por lo que ha perdido la venta y la comisión. Así que no cometa el error de poner demasiadas opciones a la vez. Si ha publicado solo uno y el sitio web lo ofrece al mejor precio del mercado, incluso si la persona ha abandonado su sitio para hacer una comparación rápida de precios, seguramente volverá a su sitio para hacer clic en el anuncio.

Por lo tanto, quédese con un negocio o producto. Si desea hacer más, configure un sitio web diferente para cada afiliado y concéntrese en eso, en lugar de extenderse demasiado.

Cree contenido superior

Un gran desafío que enfrenta como afiliado es infundir confianza en sus visitantes y proporcionarles valor. Si bien las grandes empresas gastan mucho dinero creando marcas, usted tiene el poder de sentarse y crear contenido tan superior que sería casi imposible para los motores de búsqueda no dirigir el tráfico a su sitio. Dedique tiempo y energía a crear y actualizar contenido excelente y atractivo que a sus visitantes les encantará leer, dar me gusta y compartir. Nada se vende mejor que el elogio de boca en boca de los visitantes leales.

Haga de su sitio una marca por usted mismo

Muchos afiliados grandes en el mercado comenzaron siendo pequeños y, sin embargo, con trabajo duro y perseverancia, han podido crear una marca para sí mismos. Este tipo de construcción de marca ocurre con contenido de calidad consistente, editoriales fuertes y poderosos e incorporaciones de valor que ofrecen a los clientes.

Asegúrese de que sus programas de afiliados incluyan ingresos recurrentes

Las estrategias de *marketing* son extremadamente fluidas en el ámbito de afiliación y lo que funciona hoy no necesita funcionar mañana impulsado por múltiples factores, incluidos cambios en el algoritmo de clasificación, cierre de programas de afiliación, reducción de costos en publicidad y más. Es prudente garantizar que algunos de sus ingresos se basen en ingresos recurrentes, incluso si eso significa que se le pague en cantidades más pequeñas, pero con mayor frecuencia. Si bien los pagos únicos son excelentes para aumentar los ingresos, no ofrecen protección contra cambios importantes que podrían afectar negativamente sus ganancias de los programas de afiliados. Tiene sentido construir lentamente una base de ingresos recurrentes dentro de su cartera de programas de afiliados.

Asegúrese de que el tráfico de sus visitantes provenga de múltiples fuentes

Si confía solo en una fuente para su tráfico, cuando eso se seque o se produzcan algunos cambios drásticos, todo su programa de afiliados se vendrá abajo. Por lo tanto, asegúrese de que su contenido se vea en múltiples plataformas, mejorando así la diversificación del tráfico y reduciendo el riesgo debido a la caída inesperada de una sola fuente.

Asegúrese de que su contenido sea bueno para dispositivos móviles

El uso de dispositivos móviles ha crecido a pasos agigantados y depender de cualquier tecnología que no sea compatible con estos dispositivos es una forma corta y segura de perder muchas oportunidades comerciales.

Tendencias anticipadas y prepararse bien para tendencias estacionales

Hay cientos y miles de nuevas tendencias emergentes en la cima de las cuales los afiliados inteligentes se montan y ganan su dinero antes de que se desvanezca. Es fundamental que evite estas tendencias de ruptura mucho antes y las aproveche antes de que los intereses de los clientes comiencen a disminuir. Google Trends es una excelente manera de verificar las próximas tendencias y prepararse para sacar provecho de la afluencia.

Las tendencias estacionales, por otro lado, son más fáciles de predecir porque se repiten regularmente y conocerá bien el aumento, el pico y la bajada. Esto también le ayudará a prepararse para las tendencias estacionales. Estas medidas preventivas y preparativos garantizarán que no pierda ninguna gran oportunidad de tener éxito en su programa de afiliados.

Participe en programas de afiliación que mejoren sus ingresos de afiliación por magnitud

Si bien las comisiones de pequeño valor por la gran afluencia de tráfico son buenas inicialmente, a medida que crece y evoluciona en el campo del mercado de afiliados, es importante promover productos de alto valor que le brinden mayores ingresos por cada registro o venta aprobada. Aumentar el valor de los productos que promociona es más fácil que aumentar el flujo de entrada de tráfico varias veces.

Cree contenido que cumpla con los requisitos cambiantes de SEO

A medida que Google se vuelve cada vez más sofisticado con su tecnología de SEO e incluye términos similares para que coincidan con las palabras clave, es importante crear contenido que esté sincronizado con estas necesidades cambiantes. Ahora tiene más sentido tener contenido en el texto que sea más relevante para los lectores en lugar de centrarse simplemente en las palabras clave. Por lo tanto, oriente los temas adecuadamente en lugar de palabras clave y frases.

Debe conocer bien el concepto de "SEO". SEO se refiere a la optimización de motores de búsqueda. Debe haber escuchado que muchas empresas tienen un buen equipo de SEO que les ayuda a aumentar su popularidad. Bueno, esto es cierto porque estos equipos trabajan fuertemente para promocionar los sitios web y blogs de la empresa y ayudan a que aparezca en la parte superior de la lista de búsqueda de Google.

Para que esto suceda, debe elegir todas las palabras principales de su blog o sitio web, que probablemente serán escritas en los motores de búsqueda por personas. Si obtienen la combinación de palabras correctas, su sitio aparecerá como el enlace superior. Para esto, también puede hacer uso de una pequeña descripción que lo ayudará a poner todas las palabras principales en su sitio. Pero recuerde que solamente una buena descripción de SEO no funcionará y que también debe tener un buen contenido.

Promocione productos con los que esté muy familiarizado

Comercializar productos con los que está familiarizado tiene muchos aspectos positivos. El primero es que se siente cómodo hablando de sus beneficios y usos, y esta confianza se manifiesta en su contenido. La confianza que se refleja en su escritura es invariablemente percibida por los lectores y las personas que desean comprar el producto se verán obligados a hacerlo.

En segundo lugar, hay una sensación de satisfacción de que sentirá que ha podido convencer a otra persona basándose en su propia experiencia y, por lo tanto, sus comentarios son genuinos y no están fuera de lugar. Tales estrategias de *marketing* honestas definitivamente darán frutos más pronto que tarde, ya que la integridad de sus recomendaciones se extenderá de boca en boca lenta pero seguramente.

Sitios de Revisión de Productos

Una forma clásica de *marketing* de afiliados es crear un sitio de revisión de productos que mantenga actualizado regularmente con revisiones y recomendaciones de productos que ha utilizado. Presentar enlaces al sitio web del producto en la barra lateral o en el contenido es una excelente manera de obligar a los clientes a comprar el producto inmediatamente después de leer su crítica bien escrita. Si la revisión es honesta y directa, sus ingresos de *marketing* de afiliación crecerán a pasos agigantados a medida que agrega y actualiza su sitio regularmente.

Utilice el *blogroll* o el Centro Asociado

Los enlaces de afiliados se pueden colocar en un sitio web como *logroll* o centro asociado. El *blogroll* contiene enlaces de afiliados a múltiples sitios de terceros que también son blogs. Sin embargo, estos enlaces llevan a los visitantes a una página de destino donde pueden suscribirse a un producto y/o servicio.

Sitios que Agregan *Feed* de Productos

Este tipo de sitios también son excelentes para programas de afiliación. Usted, como editor, agregaría varios tipos de información sobre productos y la cargaría en su sitio. Los detalles generalmente incluirían imágenes, precios y especificaciones del producto. Este tipo de información convincente y hechos concretos sobre el producto podrían llevar al cliente a hacer clic en el enlace de su sitio para comprar el producto.

Trabaje Primero en Su Página Web

El *marketing* de afiliación se nutre del interés de las personas en hacer clic en los enlaces a productos que les llaman la atención. ¿Pero quiénes son estas "personas"? Bueno, estas son personas que visitarán su blog o sitio web para leer lo que usted ha escrito. Así que, para atraer a estas personas, debe hacer que su blog o sitio sea lo más interesante posible. Está bien salir y decorarlo todo lo que quiera. Pero asegúrese de seguir con el tema deseado, de lo contrario, las personas solo lo visitarán para burlarse de su blog.

Recuerde que debe establecer una buena base de lectores para conseguir un concierto de *marketing* de afiliación.

Por lo tanto, no es bueno establecer un sitio web hoy y unirse a un programa de *marketing* de afiliación mañana. Hasta que obtenga una buena cantidad de visitantes únicos, o impresiones, en su sitio web, no obtendrá el clic para su afiliado. Aquí, "único" se refiere a nuevos clientes y no a los mismos que probablemente lo hayan marcado y sigan visitando todo el tiempo. Debe haber tenido varios de sus amigos que le han dicho que revise su blog o sitio y también que le han pedido que visite con frecuencia y corra la voz. Bueno, están haciendo esto para que su sitio o blog tenga suficiente "tráfico".

Claramente, no todos van a hacer clic en los enlaces y para obtener una cantidad razonable de clics, necesita muchos visitantes regulares. También debe construir una reputación como experto en su nicho antes de que las personas confíen en usted lo suficiente como para buscar sus recomendaciones. Es como ejecutar un sitio que arroja una pieza interesante de escritura tras otra para atraer a la gente a leerlo y quedarse. Así es exactamente como debe funcionar su sitio web. Debe haber contenido interesante para que la gente lea y permanezca fiel. No es útil si lo visitan solo una vez e inmediatamente se olvidan de su blog.

Debe realizar un seguimiento del número de personas que visitan su página y registrar los números por día, por mes y por año. Esto le ayudará a saber qué tan popular es realmente su blog.

Entonces, ¿qué sucede cuando tiene suficientes visitantes? Antes de preguntar, nadie parece estar seguro de lo que es "suficiente" en este caso. Algunas personas dicen 1.000 impresiones al mes; otros dicen 1.000 impresiones a la semana. Por lo tanto, es seguro asumir que tener al menos 4.000 a 6.000 impresiones al mes lo ayudará a ser lo suficientemente popular. Bueno, entonces debe ser paciente porque tomará tiempo generar ingresos. Recuerde que siempre es acumulativo y para que el número sea alto, debe esperar. No va a ganar $1.000 dólares mientras duerme al final de la primera semana. De hecho, podrían pasar meses o incluso años antes de llegar a esa etapa si alguna vez lo logra. Y ciertamente no ganará mucho dinero con solo un sitio web. Tenga paciencia y tómese el tiempo para aprender qué funciona y qué no antes de tirarse de cabeza. Cuanto más preparado esté, mejores serán los resultados que se le presenten. Hacer un poco de trabajo duro al principio lo ayudará a recorrer un largo camino para establecer una buena línea de ingresos pasivos.

Cualquiera o todas estas estrategias tienen como objetivo aumentar el tráfico a sus sitios y aumentar la confianza de los clientes y visitantes en su contenido, de modo que se les impulse a hacer clic en un enlace de afiliado en su sitio para completar la acción deseada que se traduce en ganancias de afiliado para usted. Es importante recordar que ninguna de las estrategias mencionadas anteriormente es un tipo de formato único para todos. Debe tener en cuenta lo que ha elegido promocionar y quién es su público objetivo y luego tomar decisiones informadas sobre los tipos de estrategias a utilizar.

A pesar del comentario anterior, un sitio web honesto y recto que brinde información y recomendaciones correctas sin exagerar es clave para lograr el éxito de las empresas de su programa de afiliados. El contenido atractivo, relevante y actualizado continúa dominando todos los demás elementos de un gran sitio web que atrae y retiene visitantes leales.

Capítulo 5: Principales Redes de Afiliados

Si bien es muy difícil encontrar una lista exhaustiva de redes y programas de afiliados para todos ustedes con la esperanza de comenzar en este reino altamente lucrativo, este capítulo trata de algunas de las principales redes de afiliados que han construido una gran reputación y marca para ellos mismos. Puede estar tranquilo de que las redes enumeradas a continuación están por encima del tablero y están respaldadas por buenos productos que estará orgulloso de promocionar en su sitio web.

Sin embargo, podría haber redes más pequeñas e igualmente verticales que funcionen bien para usted. Lo que funcione bien para usted dependerá de muchos factores, incluidos lo que planea promover, con quién le gustaría asociarse, con qué nicho es su sitio web y otros aspectos similares. Asegúrese de haber hecho una amplia tarea en los anunciantes y comerciantes con los que elige asociarse antes de firmar.

Commission Junction – CJ, como se le conoce popularmente, es una red de afiliados confiable y consistente bien establecida que es una gran compañía con la que asociarse.

Rakuten Linkshare – Este proveedor de servicios de *marketing* de afiliados ofrece servicios de anunciantes, grandes minoristas y pequeños comerciantes, lo que hace que su base de comerciantes sea lo suficientemente grande como para adaptarse cómodamente a muchos afiliados.

ClickBank – Pionero en este campo, ClickBank continúa teniendo el apoyo de comerciantes más pequeños y, por lo tanto, es atractivo para muchos afiliados.

Amazon – Otro pionero en el campo del *marketing* de afiliación, Amazon tiene una interfaz de afiliación extremadamente fácil de usar y tiene un enorme repertorio de productos para elegir. Estos aspectos hacen de Amazon una red de afiliados muy popular y, a pesar de sus pagos de afiliados inferiores al mercado, es una excelente manera de tener una gran ventaja para que pueda afiliarse con este nombre familiar.

AvantLink – Como jugador relativamente nuevo en el mercado, las muchas estrategias de AvantLink están encontrando muchos compradores, lo que lo ha convertido en uno de los mejores jugadores en el ámbito del *marketing* de afiliación.

ShareASale – Respaldada por una percepción de integridad y honestidad, la red de afiliados de ShareASale tiene mucho apoyo de muchos afiliados en todo el mundo.

oneNetwork Direct – Un gran comerciante de productos y servicios de *software*, oneNetwork Direct de Digital River, ofrece lo mejor en la industria tecnológica y tiene presencia en todo el mundo.

RevenueWire – RevenueWire es especialista en productos tecnológicos y ha construido una excelente reputación para el comercio ético y sostenible.

LinkConnector – Esta gran red de afiliados ofrece productos de una amplia gama de industrias y comerciantes que van desde los 500 principales minoristas en internet hasta los nichos más pequeños.

Pepperjam – Con una reputación de ser muy amigable con

los novatos, la red de afiliados de Pepperjam tiene un gran número de seguidores tanto de comerciantes como de super afiliados.

eBay Partner Network – Respaldado por QCP o la metodología Quality Click Pricing para realizar pagos de afiliados, eBay Partner Network es una plataforma maravillosa con la que asociarse.

Affiliate Window – Affiliate Window, una red de afiliados muy popular en Gran Bretaña con una gran cantidad de premios de redes de afiliados en su haber ahora también está haciendo olas en los Estados Unidos de América.

TradeDoubler – Pionero del *marketing* de afiliación en Europa, TradeDoubler se estableció en Suecia en 1999. Sigue siendo una de las redes de afiliación más populares y de mayor rendimiento en toda Europa.

Avangate – Avangate también es una red de afiliados galardonada con sede en Europa y se especializa en SaaS y productos de *software*.

Millionaire Network – Millionaire Network está abierta a afiliados solamente por invitación y se centra principalmente en el éxito del anunciante.

Zanox – Zanox es otra de las grandes redes de afiliados de Europa con presencia en todo el continente y un atractivo esquema de pago que lo hace muy popular entre los afiliados.

WebGains – Respaldada por un sistema de valores antiguo pero robusto, esta red de afiliados con sede en el Reino Unido tiene una reputación inquebrantable basada en la ética que se espera que aumente su longevidad en el campo de *marketing* de afiliación bastante nebuloso.

Adcommunal – Esta red de afiliados con sede en Canadá ha crecido cada vez más y es uno de los principales actores en el escenario mundial del *marketing* de afiliación.

PeerFly – Un recién llegado en el campo del *marketing* de afiliación, en muy poco tiempo, PeerFly se ha convertido en una de las redes líderes del mundo respaldada por una plataforma de excelente rendimiento y un gran equipo.

Dado que cada sitio es único y tiene sus propias debilidades y fortalezas, es imposible crear una lista completa de redes de afiliados disponibles. La lista anterior contiene solo los populares y los más utilizados. La lista destaca algunos de los grandes jugadores de todo el mundo en el ámbito de la red de afiliados y algunos de ellos, estoy seguro, le funcionarán maravillosamente, especialmente ayudándole en su empinada curva de aprendizaje.

A medida que tenga más confianza y adquiera más habilidades en el campo, encontrará comerciantes y anunciantes más relevantes, quizás más complejos, pero mejor pagados, que estén alineados con sus propios intereses. En ese momento, también podría asociarse con estos afiliados, ya que no hay regulaciones que lo detengan de cualquier número de afiliados con los que desee asociarse.

Elegir el programa de afiliados adecuado

Ahora que hemos entrado en la lista de redes de afiliados de renombre, es importante saber cómo elegir un programa de afiliados que sea bueno para usted. Todos los programas de afiliación son diferentes y debe inspeccionar a fondo cada uno de ellos antes de tomar una decisión. Esta sección cubrirá los diversos aspectos que debe tener en cuenta cuando encuentre el programa adecuado para usted.

Términos y Condiciones

Si ha decidido qué compañía será mejor para usted y sus clientes, es hora de hablar sobre los términos. Después de todo, de eso se trata. Lo primero que debe preguntar es cómo funciona el programa. ¿Se le paga únicamente por las ventas o recibe una comisión por clientes potenciales? Siempre es mejor argumentar por esto último, ya que estará relacionándose con alguien que le está considerando por su popularidad. Por lo tanto, es mejor que aproveche al máximo la oportunidad y discuta a su favor. Puede hacer una gran diferencia cuando se trata de dólares, tanto en la cantidad que puede esperar ganar como en el tiempo que tendrá que pagar.

¿Con qué frecuencia le pagan y cuál es el nivel de pago mínimo? Muchas compañías pagan a principios o al final del mes, o pueden pagar dos veces al mes, generalmente el 15 y el último día del mes. Si tiene cierta preferencia, puede considerar pedirles que cambien el momento del pago. Compruebe que el umbral de pago mínimo no esté establecido demasiado alto. Obviamente, no es rentable pagar cada vez que alguien tiene $10, pero si tiene que acumular $100 o más antes de ver su comisión, puede ser muy desmotivador, a menos que tenga una alta tasa de conversión.

Finalmente, debe conocer la tasa de comisión, tanto la línea de fondo como la estructura. Algunas empresas operan un sistema de dos niveles, donde se le paga a todos los que hacen clic en su afiliado y luego reciben una comisión adicional si completan una compra. Otros negocios solo pagan por uno u otro. Las tarifas de comisión para los afiliados varían considerablemente de menos del uno por ciento para los clics hasta el 75% para algunos productos de descarga digital.

Sin embargo, es más realista trabajar en una cifra entre 5% y 20%, y vale la pena comparar compañías similares para ver si sus tasas de comisión y términos y condiciones son similares.

Recuerde que el dinero es importante, sin duda, pero también tendrá que considerar varios otros factores que lo ayudarán a juzgar si los productos y servicios ofrecidos cumplen con sus estándares. No puede simplemente estar de acuerdo con todo y debe establecer algunas reglas básicas para ellos. Esto puede parecer algo incorrecto, pero también debe mantener el estándar de su blog y sitio web. Para esto, puede enviarles un correo electrónico, enumerando las cosas con las que no estará de acuerdo en su blog o sitio, como contenido sexualmente explícito, armas, productos para adultos, etc. Puede haber compañías que buscarán personas que estén interesadas en dejar espacio para tales artículos. Si sospechan que no ha mencionado explícitamente estos términos, entonces podrían comenzar a proporcionarle enlaces a dichos productos. Por lo tanto, es importante que intente comprobar todo lo que envían solo para tener cuidado.

También debe analizar los derechos y obligaciones y acordar una cláusula de rescisión. Recuerde, si sigue un camino que es extremadamente profesional, entonces será fácil para usted. No puede tomar nada demasiado a la ligera o casualmente, especialmente durante las etapas iniciales. Asegúrese de tener todo firmado y certificado solo para mantener un registro oficial de su alianza y acuerdo. Una vez que esté satisfecho con todo y haya decidido seguir adelante con el trato, entonces no debería haber nada en su camino que lo detenga.

Evite los programas de pago

Cuando escriba "Programas de *marketing* de afiliación" en Google, se verá inundado de visitas. Algunas de estas serán compañías que le pedirán que pague para unirse a su programa. Harán uso de folletos elegantes que puede descargar y mencionarán un plan de pago bien pensado. Además, probablemente le ofrecerán un gran "descuento" para subir a bordo. El costo normal de registro del programa es de $99, pero solo por hoy, será admitido por el precio especial de solo $20, incluso puede ser menor. De hecho, lo harán parecer extremadamente atractivo al cancelar los $99 con una gran cruz roja y escrito al lado solo $20. Todo lo que tiene que hacer ahora es cerrar la ventana y alejarse de dichos programas.

No hace falta decir que hay un millón de sitios web sospechosos que prometen algo, pero se dedican a otra cosa. Ahora, aunque no estoy diciendo que estas personas puedan engañarle, incluso si le cobran una gran cantidad de dinero será para su beneficio y no se molestarán por usted o su sitio web. Así que no confíe en estos y confíe únicamente en sus instintos para hacer lo correcto.

Como ya se indicó, la empresa afiliada no le paga ninguna comisión hasta que realice una venta y recuerde que esta es una venta que no obtendrían sin su ayuda. Entonces, ¿por qué querrían que pague por el privilegio de ampliar su alcance minorista? Se mencionó antes que nadie estaría dispuesto a desprenderse de su dinero solo para promocionar a alguien más. Es como decir que Microsoft quiere contratarle, pero debe pagarles una tarifa por ello.

A veces puede parecer la elección correcta, especialmente si el sitio web que visitó le promete muchas cosas. Estoy seguro de que también lo ha considerado muchas veces solo para comenzar con el *marketing* de afiliación lo antes posible. Debe ser más paciente cuando se trata de *marketing* de afiliación porque, de lo contrario, podría terminar siendo estafado.

¿Pero quién, en el sentido correcto, usaría los datos de su tarjeta de crédito o se registraría en su cuenta bancaria en línea para transferir dinero a una fuente sospechosa? No solo es peligroso para su cuenta, sino ¿qué pasa si termina teniendo un robo de identidad?

Por lo tanto, como regla general, no confíe en ningún sitio web de marketing de afiliación que le prometa un buen negocio si primero les paga algo de dinero. Así no es como funciona y tendrá que encontrar una forma diferente para poder establecer una configuración de *marketing* de afiliación adecuada.

Recuerde, si permanece demasiado tiempo en un sitio web, tendrá la tentación de consultarlo en detalle. En su lugar, elija salir lo antes posible y también borrar las *cookies*.

Otra cosa que parece suceder es que las empresas cobran a los afiliados para unirse a ofertas en artículos de alto precio. Puede obtener un beneficio sabroso de cada conversión, pero de manera realista, ¿las personas que visitarán su sitio van a estar interesadas en cosas de alto precio, incluso si están vinculadas a su nicho? Incluso si puede responder "sí" a esa pregunta, es un principiante en el juego de *marketing* de afiliación. ¿No es mejor cometer sus errores gratis?

Revise el Negocio

Hemos establecido que cualquier afiliado con el que se asocie debe complementar y agregar valor a su sitio para sus visitantes, así como también devolverle un ingreso. Leímos cómo es posible que aumente el número de clientes que visitan la página de afiliados y cuántos negocios pueden establecer juntos si se entienden bien.

Pero para que esto suceda, debe iniciar el proceso de búsqueda y vincularse con los mejores afiliados. Así que asegúrese de investigar un poco e intente elegir el mejor. Después de todo, tiene la opción de asentir o rechazar a un determinado cliente dependiendo de si le gusta o no.

Una forma de buscar los buenos es ver qué otros blogs como el suyo están alojando. Puede verificar aleatoriamente los sitios web que otros blogueros como usted están alojando, especialmente los populares. Una vez que tenga algunos, puede decidir contactarlos usted mismo y mostrarles su blog o sitio web. Después de recibir una respuesta, puede hojear todos los importantes.

Tal vez ha visto algunos sitios web de negocios y se pregunta a quién recurrir. Puede decidir seleccionar 5 o 6 de ellos y pasar al siguiente paso.

Lo primero que debe hacer es visitar el sitio web para navegar. ¿Es fácil encontrar los productos en los que sus visitantes estarán interesados y qué tan fácil es completar la compra una vez que el enlace de afiliado lleva al lector al producto?

Esto es importante porque debe creer en el sitio web usted mismo antes de decidir alojarlos para otros. Tendrá que ponerse en el lugar de los demás solo para tener la oportunidad de mirar su blog desde la perspectiva de un tercero. Para esto, debe comprender cómo funciona el sitio web afiliado.

Una forma de verificarlo es hacer un pedido en el sitio usted mismo, para que pueda ver el proceso de compra en nombre de sus visitantes. ¿El proceso de navegación es sencillo al agregar el artículo a su cesta virtual? ¿Es posible editar los artículos presentes en su carrito? ¿Se puede aumentar o disminuir el volumen de los productos fácilmente? ¿Tiene una opción para agregar un código de cupón? ¿Es posible canjear puntos? ¿Qué pasa con el proceso de pago? ¿El sitio acepta PayPal?

Muchos compradores en línea desconfían del uso de tarjetas de crédito en línea y prefieren la velocidad, la simplicidad y la seguridad de pagar a través de PayPal. Y vale la pena devolver un artículo para que pueda consultar sus estándares de servicio al cliente. Al colocar enlaces de afiliados en su sitio, está respaldando de manera efectiva la compañía y sus productos a sus seguidores, por lo que debe saber que recibirán un buen servicio.

¿Imagina lo que sucedería si comienza a poner enlaces a sitios web que son un poco difíciles de navegar o el proceso de compra es complicado? La gente no estará interesada en hacer clic en los enlaces y es posible que la compañía no obtenga tantos éxitos como sea necesario.

Una vez que haya revisado ese lado del negocio y esté completamente satisfecho con lo que tiene, es hora de hablar con alguien sobre convertirse en afiliado, para que cualquier consulta que tenga pueda ser atendida antes de comprometerse.

Asegúrese de tener todo resuelto y anote las preguntas en términos de importancia y prioridad. Una vez ordenado, comience a preguntarles uno por uno si es un chat telefónico o también puede enviarles un correo con todas sus consultas. Recuerde, nunca es una mala idea estar bien informado sobre algo. Al fin y al cabo, usted está alojando su sitio web y es mejor que le den respuestas a todo lo que desea saber. Es posible que les tome algún tiempo comunicarse con usted y puede darles un par de días para analizar todas sus preguntas y responderlas una por una.

Si no hay nadie disponible para usted, o si le hacen esperar durante varios días una respuesta, tal vez debería seguir buscando. Después de todo, si no pueden hacer el esfuerzo de responder sus consultas antes de que se convierta en socio, no es probable que lo hagan una vez que se haya unido al programa. Por lo tanto, no siga esperando a alguien que no quiera responderle, incluso si le responden algo como "perdón por el retraso, lo lamentamos".

Capítulo 6: *Marketing* de Afiliación a Través de Redes Sociales

El *marketing* de afiliación a través de las diversas redes sociales es, quizás, la forma más divertida y, por supuesto, una excelente manera de aumentar las ganancias. Trabajar como afiliado le permite comenzar a ganar dinero de inmediato sin las molestias asociadas con la creación, empaque y publicidad de un producto por su cuenta.

El *marketing* de afiliación a través de las redes sociales le permite aprovechar la buena voluntad de sus amigos, familiares y seguidores para obtener mucho tráfico y ventas, lo que a su vez le dará un buen dinero. Este capítulo le ofrece información sobre cómo usar sus plataformas de redes sociales para aumentar los ingresos de los afiliados.

Crear un enlace de redireccionamiento para el afiliado – En lugar de incrustar un enlace sin formato (que muy pocas personas estarán interesadas en hacer clic) en su página de FB, cree e inserte un enlace de redireccionamiento que llevará al visitante al sitio del anunciante.

Contenido de calidad – Como en el caso de su blog, aquí también, cree primero contenido de calidad. Esto atraerá a más visitantes a su página y el aumento del tráfico se puede redirigir a enlaces de afiliados. Una historia convincente equipada con un enlace al final es un ganador seguro. El contenido que cree podría adoptar cualquier forma: una publicación de blog, una publicación de Facebook, un video de YouTube, un pódcast y más.

Asegúrese de tener imágenes de los productos que está promocionando – Un regalo visual siempre es mejor recordado y retenido por el cerebro humano que el simple texto, incluso si el texto es muy convincente. Asegúrese de tener una imagen o un enlace a la imagen del producto para aumentar las posibilidades de que la venta se cierre con éxito.

Cree y haga crecer su lista de correo electrónico a partir de sus conexiones de redes sociales – Un aspecto crítico a tener en cuenta aquí es que los sitios de redes sociales funcionan como afiliados y, por lo tanto, si usa agresivamente esa plataforma para aumentar sus ingresos de afiliados, podría ser expulsado. Teniendo esto en cuenta, puede crear y hacer crecer una lista de correo electrónico a partir de sus contactos y conexiones de redes sociales y luego enviar sus enlaces de afiliados por correo electrónico. Esto lo ayudará a mitigar el riesgo de "prohibición" y le permitirá avanzar hacia compradores genuinamente interesados de los productos y servicios que está promocionando.

Promocione solo ofertas genuinas y de buena calidad – Tenga cuidado con el fraude y las ofertas baratas y promocione solo las realmente buenas. Esta actitud le hace feliz a usted y a sus conexiones sociales; estará feliz de que le paguen bien por medio de comisiones saludables y sus amigos estarán felices de tener acceso a una gran oferta.

Aproveche el poder de los correos electrónicos de respuesta automática – Las herramientas de respuesta automática como Aweber son inventos poderosos que son extremadamente útiles para los afiliados. Puede configurar la respuesta automática para que envíe 7 correos electrónicos (uno cada día durante los primeros 7 días) después de que una nueva persona se conecte con usted. Estos correos electrónicos pueden ser cualquier correo de valor agregado, como cursos electrónicos y materiales de estudio que sean relevantes para el suscriptor. Esta oferta de valor agregado hará que la persona sea su fanático de por vida y él o ella estarán más inclinados a hacer clic en los enlaces de afiliados que les envíe o integrar en su página de redes sociales.

Las estrategias anteriores son excelentes maneras de aumentar su base de seguidores en las redes sociales y luego aprovechar esa gran base para generar ventas y clientes potenciales bajo su programa de *marketing* de afiliación. Las redes sociales llegan a todos los rincones del mundo y sería una locura no aprovechar este gran alcance y buscar oportunidades de negocio sin explotar.

Capítulo 7: Estafas de Marketing de Afiliación

Como novato en el campo altamente desafiante del *marketing* de afiliación, es extremadamente importante que no caiga en estafas y redes y anunciantes fraudulentos. El campo del *marketing* de afiliación per se es muy legítimo, pero como cualquier otra industria, es propenso al mal uso por parte de traficantes y estafadores que buscan dinero rápido. Estas son algunas de las estafas comunes que seguramente encontrará a medida que aprende las cuerdas del *marketing* de afiliación.

Programas de entrenamiento fraudulentos – Como todos los novatos en cualquier campo, querer asistir a un curso es algo común que le gustaría hacer antes de sumergirse en el juego. Habrá cientos de entidades que le prometerán el cielo y la tierra y le dirán que tienen una varita mágica para hacerle rico de la noche a la mañana con el *marketing* de afiliación.

No caiga en trucos tan baratos. Lo más probable es que sean personas que esperan ganar dinero rápido dándole material que tiene poca o ninguna sustancia real. Simplemente perderá el dinero que pagó para unirse al curso. Verifique, descubra más, pregunte a las personas que han realizado el curso antes, y solo entonces realice el pago de la tarifa y complete la capacitación.

Obtenga Ofertas Valiosas Durante la Noche – Hay cientos de correos fraudulentos que le prometen entre $2.000 y $10.000 en una semana trabajando por solo 2-3 horas al día. Una vez más, tenga cuidado con tales trucos de *marketing*. Sabe que no puede ser verdad. Si fuera cierto, habría una gran línea de aspirantes y este tipo de proyecto (si es cierto) nunca necesitaría una estrategia de *marketing*. Se vendería por sí solo. Por el contrario, tales escenarios "demasiado buenos para ser verdad" idealmente se mantendrían en secreto.

No existe tal cosa en un programa de *marketing* de afiliación legítimo. Implica todo el trabajo arduo y la diligencia que ya se detallan en este libro y nada menos para lograr el éxito del programa y ganar regularmente una cantidad decente de dinero.

Ningún Servicio o Producto para Vender – Estas ofertas son completamente fraudulentas. Si alguien está dispuesto a desembolsar dinero sin querer nada a cambio, debe saber que es un fraude directo. Estas aparentes "oportunidades de negocios" están estructuradas como una pirámide donde el dinero simplemente se transfiere y no hay nadie que realmente gane dinero. No solo perderá su inversión, sino que también sepa que tales esquemas son totalmente ilegales.

Programas que necesitan que realice un pago inicial – Todos los programas de afiliación legítimos son completamente gratuitos. Si alguien solicita el pago inicial, entonces tenga mucho cuidado y usted debe evitar totalmente a esa persona y/o correo electrónico.

Estafas basadas en nombres de Dominio – Aquí también hay varios correos electrónicos que le cuentan la siguiente historia: Los estafadores pueden ver en algunos registros sin nombre o con nombres elegantes que xyz.com está registrado a su nombre y en otra persona en el país de origen de esta estafa (generalmente China) quiere registrar su nombre de dominio como xyz.cn. ¡Para proteger sus intereses comerciales, querrán que envíe algo de dinero y luego todos los pagos relacionados con xyz.cn también se dirigirán a usted!

Esto es basura absoluta; no caiga en la trampa. ¡Si envía ese pago inicial, puede decirle adiós para siempre a su dinero, porque si se da cuenta, usted nunca tuvo el nombre de dominio xyz.com!

Evite todos estos tipos de estafas haciendo la debida diligencia. Pregunte, busque en Google, busque el sitio web de la compañía que le está vendiendo estos programas y, finalmente, si es demasiado bueno para ser verdad y definitivamente no es cierto. ¡No se deje engañar y manténgase alejado!

Recuerde que mientras haya personas para engañar y burlarse, ¡habrá personas engañando y burlándose y haciendo dinero rápido haciendo trampa! No sea uno de los que caen en este tipo de dinero "fácil" rápido y sin pensar.

Capítulo 8: *Marketing* de Afiliación sin una Página Web

Una de las formas más comunes en las que puede lanzarse al mundo del *marketing* de afiliación es mediante la creación de un sitio web. Y si usted está en él a largo plazo, entonces será mejor para su negocio que cree una página web.

Sin embargo, si todavía está en la etapa de aprender sobre diseño web o si está entre aquellos que no están interesados en crear un sitio web, pero todavía quieren ser parte del *marketing* de afiliación, no se preocupen porque hay una solución fácil para este problema. Y en este capítulo, aprenderá sobre las diversas formas en que puede comenzar con el *marketing* de afiliación sin el uso de un sitio web.

Recuerde que el objetivo principal del *marketing* de afiliación es proporcionarle una forma de poner su enlace de afiliado frente al público objetivo. Como se mencionó anteriormente, la construcción de un sitio web es el enfoque más comúnmente adoptado. Pero, de nuevo, el camino por el que opta depende completamente de usted. Con este objetivo básico en mente, veamos varios métodos que puede usar para obtener su enlace de afiliado al público objetivo.

Anuncios y Comentarios

Puede usar sitios clasificados para promocionar su producto afiliado. Ya debe estar familiarizado con sitios web como Craigslist, eBay, etc. para buscar cualquier producto que desee. Lo mismo puede usarse para promocionar su producto afiliado también. Puede escribir anuncios o incluso reseñas sobre sus productos afiliados y luego publicarlos junto con el enlace del afiliado.

Marketing Viral

El *marketing* viral significa difundir la conciencia sobre algo muy rápidamente. Entonces, para hacer esto, necesitará encontrar un producto que pueda volverse viral en línea. Un producto viral es un producto que se ha creado con la intención específica de difundirlo rápidamente a un gran número de personas. Esta es una de las formas más rápidas para llamar la atención sobre su producto.

Quizás lo que pueda hacer es escribir un eBook muy corto, preferiblemente de menos de 30 páginas o incluso un informe sobre un tema en particular que le interese, y luego insertar los enlaces a sus productos afiliados. Luego puede distribuirlo a la audiencia utilizando el medio que tenga en mente. Puede venderlo, publicarlo en otros sitios web o incluso informar casualmente a las personas que pueden comprarlo. Para empezar, puede comenzar a vender este libro electrónico en eBay por un precio nominal. Asegúrese de que cualquier cosa sobre la que esté escribiendo sea realmente informativa y útil. Nadie querría pasar por un documento lleno de enlaces de afiliados.

Pago por Clic (PPC)

Este no es un método que vendría según lo recomendado. En este método, deberá crear una gran cantidad de campañas de pago por clic o PPC utilizando motores de búsqueda como Google, Yahoo, Bing, etc. y luego tendrá que promocionar el sitio web del comerciante haciendo uso de su enlace de afiliado. Por lo tanto, este no es un método sencillo porque, en lugar de utilizar directamente PPC para promocionar su propio enlace de afiliado, enviará todo esto a su comerciante.

Hay dos cosas que deberá saber antes de seleccionar esta opción. Puede suceder que el sitio web del comerciante no acepte su enlace de afiliado. Tendrá que competir con otros anunciantes por el espacio disponible. Y bien podría olvidarse de su anuncio si no está bien escrito y no es atractivo y no solo esto, sino que incluso tendrá que ofrecer una cantidad más alta que el resto. Y el segundo aspecto es que no tendrá control de calidad sobre la página del comerciante. Si el sitio web del comerciante no tiene el contenido adecuado o es de baja calidad, entonces probablemente terminará pagando una suma mayor de la necesaria.

Blogs y Foros

Todo lo que tiene que hacer es concentrarse en un producto que le interese y quiera promocionar, luego comience a comercializar este producto publicando sobre él en varios foros y blogs. La pregunta es cómo dirigir a los usuarios a su enlace de afiliado. Bueno, la respuesta es bastante simple porque todo lo que tiene que hacer es usar su enlace de afiliado como su firma. Si se hace miembro activo en cualquier foro y tiene seguidores, esto será una ventaja adicional. Pero, de nuevo, debe tener cuidado con el tipo de blogs y foros en los que decide publicar sus productos. Debe publicar en blogs y foros que aborden un tema complementario a su propio producto o, al menos, de forma similar a lo que está promocionando. Si desea comercializar un producto afiliado a la moda, entonces es posible que no encuentre seguidores entusiastas en un foro destinado a piezas de automóviles.

En la misma línea de pensamiento, si está realmente interesado en hacer un gran impacto en cualquier foro público, entonces deberá tener cuidado con el contenido que está publicando. Asegúrese de que el contenido no solo sea interesante sino también útil. Intente convertirse en un miembro activo del foro. Y una vez que haya logrado establecerse y atraído la atención de los demás, un mayor número de usuarios querrá visitar su enlace. Y también recuerde mantener cierta etiqueta al publicar en línea. No envíe correos no deseados al blog o al foro con publicaciones innecesarias, ya que esto podría ocasionar que lo expulsen del foro o que sus publicaciones se eliminen.

YouTube

YouTube es una de las formas más populares en las que puede transmitir su mensaje a literalmente millones de usuarios en muy poco tiempo. YouTube tiene casi mil millones de visitantes cada mes. Eso es simplemente increíble y podría usarlo para su ventaja. Todo lo que necesita es una cámara web, una idea innovadora e internet. Estas tres cosas son más que suficientes para comenzar su propio canal en YouTube. Puede insertar sus enlaces de afiliado en la descripción de su canal e incluso en sus videos. De esta manera, podrá convertir a sus seguidores en usuarios afiliados y esto generará ganancias para usted.

Seleccione un nicho en el que esté interesado, y una vez que lo haya decidido, puede comenzar una serie de videos sobre él y puede insertar sus enlaces de afiliados en él. Los espectadores ya estarían interesados en la serie de videos creada por usted y, por esta razón, es probable que incluso tengan curiosidad sobre el producto afiliado que está promocionando.

Hay dos reglas y debe cumplirlas si desea utilizar este método con éxito. La primera regla es que el contenido que está publicando debe proporcionar a los espectadores algún valor y la ganancia monetaria para usted debe ser un objetivo secundario. Si comienza la serie con solo el aspecto monetario en su mente y desea ganar dinero con su enlace, entonces este comportamiento lo incluirá en la lista de correo no deseado y todo el trabajo duro que le dedique será inútil. Si lo que ha producido es significativo e interesante, entonces aumentarán las posibilidades de llamar la atención e incluso el respeto de los posibles usuarios. La segunda regla es que no cree algo que sea engañoso. Estaría violando las políticas de YouTube si el video que ha publicado no está relacionado con el enlace o incluso si el título o la descripción son engañosos. Esto es algo que querrá evitar.

El video *marketing* en YouTube es fácil, pero si no tiene cuidado, puede ser bastante arriesgado. Es muy probable que los enlaces de afiliados puedan ser marcados como correo no deseado. Así que, la mejor manera de evitar esto es ser honesto y útil. Asegúrese de tener controles de calidad y que el contenido sea significativo. No permita ningún comportamiento que pueda aparecer como correo no deseado. Si está interesado en la nutrición, podría tener videos instructivos relacionados con la cocina o incluso podría tener discusiones relacionadas con este tema. Cualquier cosa que pueda resultar útil para los espectadores es la mejor manera de llamar la atención.

Hay algunas precauciones que puede tomar para asegurarse de que sus videos no aparezcan como correo no deseado. Lo primero que puede hacer es no incluir demasiados enlaces de afiliados en su video. Es mejor incluir un enlace en su descripción y otro en el video, siempre que sea relevante. Lo segundo que puede hacer es mencionar que el enlace es un enlace afiliado o que usted es un afiliado. También puede contactar a YouTube para asegurarse de que no tiene ningún problema. Si ha logrado adquirir una audiencia valiosa, esto significa que aumentará la posibilidad de ganar dinero con los enlaces de sus afiliados.

Hub

Un Hub es como una miniatura de un sitio web, es solo una página. Entonces, en esta página, puede hablar sobre cualquier cosa que le interese. Puede basar su contenido en el mercado de afiliados y productos relacionados que le interesen.

Su Hub se publicará en el sitio de HubPages y está perfectamente bien incluso si no tiene ningún conocimiento sobre diseño web. Todavía puede hacer que se vea decente y profesional. La ventaja de hacer uso de Hub es que no tiene que codificar la página en HTML. Puede crear la página sobre cualquier tema que le interese. Puede insertar varios anuncios, reseñas o cualquier otro contenido que desee.

Otra buena característica de esto es que es incluso una plataforma de redes sociales. Incluso estando simplemente presente en HubPages, puede atraer tráfico hacia los temas que le interesan.

Conclusión

El *marketing* de afiliación está aquí para quedarse y con la intención de ser accionista en este campo bastante interesante y lucrativo, debe esforzarse por adquirir las habilidades adecuadas, conocer la información correcta y comprender cómo implementar su aprendizaje con prudencia antes de sumergirse.

Es una gran oportunidad de carrera para aquellos que han logrado romper el código y han hecho esfuerzos sostenidos y persistentes sin desmoralizarse por los contratiempos iniciales. Hacer una entrada en este entorno desafiante, obtener ese primer pequeño descanso, codificar y decodificar grandes cantidades de datos e información para aprovechar a su favor, y lo más importante, una disposición a aprender de sus fallas; todo esto requiere mucho trabajo duro, diligencia y compromiso de su parte.

Sí, es un gran desafío a superar; pero una vez hecho, las oportunidades son ilimitadas. Animado por este conocimiento, espero que aproveche esta oportunidad para mejorar sus ganancias.

Y finalmente, no caiga en estafas y trampas. Piense antes de saltar; use el sentido común y evite cosas que no tienen sentido. Hay cientos de formas legítimas de ganar dinero con el *marketing* de afiliación. Aunque el proceso de instalación y mantenimiento puede parecer difícil, es muy posible que su empresa sea un éxito.

Hay muchas personas que ganan grandes cantidades de dinero.

Sígalos; motívese por ellos y encuentre el coraje para comenzar. De hecho, creo que las oportunidades de negocios de *marketing* de afiliación si se aprovechan bien pueden ser un legado para dejar a su futura generación.

¡Gracias nuevamente por comprar este libro!

Espero que pueda ayudarlo a comenzar el emocionante y lucrativo viaje del *marketing* de afiliación. El siguiente paso para usted es comenzar a implementar su aprendizaje y establecer tareas que deben revisarse regularmente para ver si está siguiendo el camino correcto.

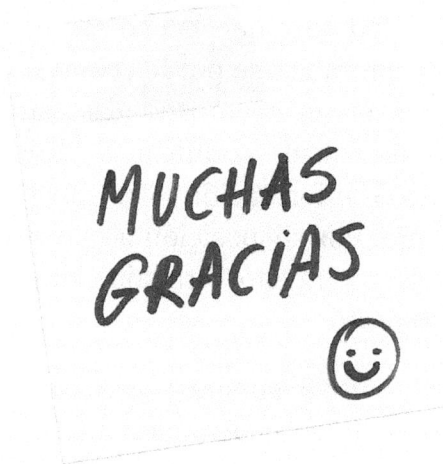

MUCHAS GRACIAS ☺